Lesezug – 2. Klasse

Liebe Mütter, liebe Väter, liebe Omas,
liebe Opas, liebe Tanten, liebe Onkel,
liebe Lehrerinnen und Lehrer!

Kinder, die schon lesen können, sollten diese Kompetenz stärken.
Etwas stärken zu wollen, heißt immer etwas zu üben.
Und Üben muss mit Erfolgserlebnissen untrennbar verbunden sein.

Die Bücher für die 2. Klasse sind so aufgebaut, dass sie durch
spannende, lustige und lehrreiche Inhalte zum Lesen ermuntern.
Die Sprache ist dem Alter der Kinder angepasst und ermöglicht
ein konstantes Aufbauen des Wortschatzes. Kindgerechte,
farbige Illustrationen auf jeder Seite begleiten die Kinder zu
einem lustigen Leseerlebnis.

Wir wünschen Ihren Kindern viel Freude beim Lesen!

Ihr G&G Verlag
Lesepädagogisches
Lektorat

Birgit und Georg Bydlinski

Steffi wirbelt durch die Schule

Mit Illustrationen von
Katharina Reichert

Der G&G-Lesezug

G&G

Von Birgit und Georg Bydlinski im G&G Verlag erschienen:

„Die Bibel für Kinder und ihre Erwachsenen", ISBN 978-3-7074-1091-4

Begleitmaterial zu diesem Buch finden Sie unter www.lesezug.at zum Gratis-Download!

www.ggverlag.at

ISBN 978-3-7074-1660-2

In der aktuell gültigen Rechtschreibung

1. Auflage 2014

Illustration: Katharina Reichert
Spiel- und Spaß-Seiten: Mag. Eva Siwy

Gesamtherstellung: Imprint, Ljubljana

Inhalt

Wir kriegen eine Neue

Der Schulbeginn ist für die 2b spannend
und aufregend. Ihre Lehrerin, die sie in
der ersten Klasse hatten, bekommt ein Baby.
Deshalb kann sie nicht mehr zu ihnen in die
Schule kommen. Sie kriegen also eine Neue!
Die Kinder drängen sich in der Garderobe
und rufen durcheinander.
„Hübsch soll sie sein und lange Haare haben.
Sie soll ausschauen wie eine Elfe", wünscht
sich Fanni, die Fee.

„Vielleicht ist sie nett und gibt uns weniger
Hausaufgaben!", sagt Lisi, die Listige.
„Oder es ist gar keine Frau. Wir kriegen
einen Lehrer! Der soll mit uns Fußball
spielen", ruft Tim, der Tormann.
„Es gibt keine Lehrer", behauptet Karin,
die Kleine.

„Doch, ich habe schon einen gesehen",
sagt Benni, der Besserwisser.
Die Kinder stürmen in die Klasse.
Da kommt auch schon die Frau Direktor
mit der Neuen herein. Und die ist keine Elfe.
Die Neue hat zerwuschelte, lila gefärbte
Haare, die in alle Richtungen wegstehen.
Sie reicht der Direktorin gerade bis
zur Schulter. Aber sie ist doppelt so breit.
„Das ist eure neue Lehrerin", sagt die
Frau Direktor. „Sie stellt sich jetzt
selber vor. Ich muss
gleich wieder weg."

Die Direktorin geht. Jetzt sind die Kinder
mit der Neuen allein. Sie starren sie an.
„Ich heiße Christoph ...", beginnt die Neue.
„Aber Christoph ist ja ein Bubenname",
unterbricht sie Benni, der Besserwisser.

„Sie heißt also Stoffel", ruft Vera,
die Vorlaute.

Die neue Lehrerin legt den Finger an ihre
lila geschminkten Lippen. Die 2b wird still.

„Ich heiße Stefanie Christoph."

„Sie heißt trotzdem Stoffel", schreit Vera.

„Steffi Stoffel."

Alle lachen, und die neue Lehrerin lacht mit.

„Ihr seid eine tolle Klasse. Ihr habt mein

Geheimnis gleich herausgefunden. Steffi
Stoffel – so hat mich mein Vater,
der Zirkusdirektor, auch immer genannt."
Sie macht eine geheimnisvolle Pause.
Dann erzählt sie weiter:
„Steffi Stoffel, unsere Zirkus-Prinzessin auf
dem Einrad – so hat er mich in der Manege
angekündigt. Da war ich so alt wie ihr."
Die Kinder staunen mit offenen Mündern.

„Stellt euch vor: Die Zirkus-Kapelle spielt.

Ich rase auf meinem Einrad herein

und fahre eine Runde, ganz dicht

bei den Zuschauern.

Da springt mir Kasimir, mein roter Kater,

plötzlich auf die Schulter.

Er hat wieder einmal auf dem Trapez

geschlafen und ist durch den Tusch

aufgewacht. Ich tue so, als würde ich gleich

stürzen. Die Leute halten den Atem an.

Aber ich kann Einrad fahren wie keine

Zweite und alle jubeln mir zu.

Hört ihr den Applaus?"

„Ja", sagt Tim, der Tormann. „Das ist

ja wie auf dem Fußballplatz!"

„Wie bei meiner Ballett-Aufführung",
flüstert Fanni, die Fee, verträumt.
Susi, die Sammlerin, sagt begeistert:
„Ich hab mir vom letzten Zirkusbesuch
was aufgehoben – die Eintrittskarte
und das leere Popcornsackerl."
Die neue Lehrerin lächelt jedes Kind an.
„Ich weiß was", ruft Benni, der Besserwisser.
„Mit Steffi Stoffel wird uns niemals fad!"

Streit in der Spielecke

Die 2b hat zwei Stunden lang mit Steffi
Stoffel geschrieben und gerechnet. Jetzt
rauchen den Kindern die Köpfe. Sie haben
sich die große Pause wirklich verdient.
Aber plötzlich fängt es an zu regnen,
und die Kinder können nicht hinaus in
den Schulgarten. Zum Glück gibt es die
Spielecke im Klassenzimmer!

Leo, der Legobastler, fängt sofort an, ein
Flugzeug zu bauen. Ein großes Flugzeug mit
zwei Düsentriebwerken. Leo beugt sich über
die Legokiste und kramt nach dem Piloten.
Sein Kopf verschwindet in der Kiste.
Tom, der Turner, geht auf Händen durch
die Klasse. Schon die zweite Runde.
Er will einen neuen
Rekord aufstellen.
„Das ist ja wie im Zirkus",
ruft Steffi Stoffel
bewundernd.

Leo taucht neugierig aus der Kiste auf –
gerade als Tom vorbeikommt. Ihre Köpfe
stoßen zusammen.
Tom verliert das Gleichgewicht und fällt
auf Leos Flugzeug. Jetzt ist es kaputt.
„Mein ganzes Flugzeug ist zerbaut,
du Trottel", schreit Leo wütend.
Tom tut vom Sturz der Rücken weh.
„Und du hast mir meinen Rekord versaut,
du blöder Bastler", ruft er zurück.

Schon stürzen sich die beiden wütend
aufeinander und wälzen sich auf
dem Boden.
Doch mit einem Mal werden sie
hochgehoben und zappeln links und rechts
an Steffi Stoffels ausgestreckten Armen,
zwei Zentimeter über dem Boden.
„Wisst ihr denn nicht, dass ich sogar Hans,
den Eisenbieger, besiegt habe? Steffi Stoffel
– das stärkste Zirkusmädchen der Welt!"
Sie lässt Leo und Tom sanft die
zwei Zentimeter auf den Fußboden
hinunterschweben. Dann setzt sie sich in
die Polsterecke zu den anderen Kindern
und beginnt zu erzählen.

„Es war der schlimmste Tag für unseren Zirkus. Der allerschlimmste Tag. Dabei begann die Vorstellung ganz normal. Nur leider hatte der Clown schlechte Laune. Ganz schlechte Laune."

„Wieso? Was war denn?", fragt Fanni.

„Sein Frühstücks-Müsli war verschimmelt",
antwortet Steffi Stoffel. „Aber da konnte ja
niemand etwas dafür. Trotzdem hat er dem
Jongleur einfach ein Bein gestellt. Mitten im
Jonglieren. Und da sind seine Kugeln und
Keulen in alle Richtungen davongeflogen."
Vera und Susi ziehen schnell ihre Köpfe ein.
„Eine Kugel hat die Lilli, unsere Seiltänzerin,

getroffen, und die ist vom Seil gestürzt,
direkt in den kleinen Wasserkübel vom
Clown. Sie ist richtig mit dem Hintern
dringesteckt und mein Vater hat sie
herausgezogen. Dann hat Lilli dem Clown
eine Ohrfeige gegeben und ihm den
Wasserkübel aufgesetzt."

Leo und Tom lachen laut auf.

„Lustig war das aber nicht", sagt Steffi Stoffel. „Denn da war ja noch mein armer Kasimir! Der hat wieder einmal auf dem Trapez geschlafen und eine Keule hat ihn getroffen. Er hat laut gemaunzt und ist wie eine reife Melone ins Publikum gefallen, dem Bürgermeister genau auf die Glatze ..."

„Nein", sagt Fanni.

„Doch", sagt Steffi Stoffel.

„Der Bürgermeister ist auf meinen Vater losgegangen, und bald haben alle gerauft, Publikum und Artisten. Wir haben nie wieder eine Einladung in diese Stadt gekriegt – Streit ist halt keine gute Reklame!"

Leo schaut zu Tom, Tom zu Leo. Sie rücken

näher und legen einander die Arme um

die Schultern.

„Und wie war das mit Hans, dem

Eisenbieger?", fragt Karin gespannt.

„Ach, das ist eine ganz andere Geschichte",

sagt Steffi Stoffel.

Angsthase und Mutfisch

Heute beginnt der Schwimmkurs. Die 2b
geht in Zweierreihen von der Schule zur
Schwimmhalle.
„Ich hab schon im Sommer mein
Schwimmabzeichen gemacht",
sagt Tim, der Tormann.
„Wahrscheinlich den Pinguin – ich hab
schon den Delfin", prahlt Tom, der Turner.

23

„Beides sind aber keine Fische",
sagt Benni, der Besserwisser.
Steffi Stoffel lächelt.
„Mein Lieblings-Meerestier ist auch kein
Fisch", sagt sie. „Ich liebe Wale."
Lena, die Leseratte, flüstert Steffi Stoffel zu:
„Du, ich muss dir was verraten.
Ich schau mir so gern mein Meereslexikon
an – aber ich fürchte mich vor dem
Wasser!"
Vera, die Vorlaute, hat feine Ohren. Sie
hat alles gehört. „Leseratten sind gut, aber
Wasserratten sind besser", sagt sie. „Ich bin
eine Wasserratte – ich hab sogar schon im
Meer gebadet und riesige Wellen gesehen!"

Nach dem Umziehen versammeln sich alle
Kinder beim großen Becken.

Steffi Stoffel trägt einen bunten Badeanzug
mit lauter Walen drauf.

Da kommt Paul, der Schwimmlehrer.

„Wer traut sich reinzuspringen?", fragt er.

Steffi Stoffel und ihre
vielen Wale springen
als Erste ins Becken
hinein. Es platscht
und spritzt
nach allen
Seiten.

„Tim, Tom, Lisi und Karin", sagt Paul,
„euch kenn ich ja von der Schwimmprüfung –
ihr könnt schon mal loslegen."
Die vier köpfeln vom Beckenrand ins Wasser,
tauchen und kraulen.
Nach und nach springen alle Kinder hinein,
sogar Lena traut sich und landet in Steffi
Stoffels Armen.

Nur Vera, die Vorlaute, steht noch zögernd am Beckenrand. Sie macht sogar einen Schritt zurück.

„Nimmst du Anlauf für einen Salto?", fragt Tom.

„Ich trau mich nicht rein, das ist so tief", flüstert Vera. „Am Meer war ein flacher Strand mit Sand und hier ist der Boden so weit unten …"

„Angsthase, Angsthase!", rufen Tim und
Tom und tauchen weg.

„Ach!", ruft Steffi Stoffel und schlägt sich
mit der flachen Hand auf die Stirn. „Ich habe
euch ja noch gar nicht vom Angsthasen und
vom Mutfisch erzählt."

Vera schaut neugierig drein. Lena und Benni
klettern erleichtert aus dem Wasser.

Alle Kinder folgen Steffi Stoffel ins warme
Baby-Becken. Auch Paul setzt sich dazu.

„Also, das war so", beginnt Steffi Stoffel.
„In meiner geheimen Schatulle im Zirkus
hatte ich ein geheimes Buch. Es war so
winzig, dass nur ganz kleine Geschichten
hineinpassten. Und die kürzeste erzähle ich
euch jetzt."
Alle blicken Steffi Stoffel gespannt an.
Auch Paul.

Sie spricht langsam und betont dabei jedes Wort: „Der Hase konnte die tollsten Haken schlagen. Aber er wurde Angsthase genannt, weil er nicht schwimmen wollte. Ist das gerecht? Nein. – Der Fisch wurde Mutfisch genannt, weil er gern schwamm. Ist das gerecht? Nein."

Steffi Stoffel steht auf und lacht, dass die bunten Wale auf ihrem Bauch hüpfen.

„So, und jetzt denkt alle darüber nach!", sagt sie fröhlich.

Nicht jeder ist ein Flughörnchen

Heute gibt es für die 2b zum ersten Mal
die gesunde Jause. Die Kinder stehen
um die bunt belegten Teller. Da gibt es
geriebene Karotten, Apfelspalten, Bananen-
und Gurkenscheiben. Dazu dunkles Brot
und fettarme Aufstriche.

„Da sind viele Vitamine drin", sagt Benni,
der Besserwisser. „Vitamine sind wichtig
für den Körper!"

„Ja, schon, aber ich esse lieber ein
Nutellabrot", meint Vera. „Meine Mama
legt sich Gurkenscheiben höchstens aufs
Gesicht. Dann ist es gesund für die Haut."

„Alles, was süß ist, ist schlecht", bedauert
Tim. „Auf unserem Fußball-Lager kriegen
wir höchstens Müsliriegel. Gut sind die
nicht. Aber leider wird man von Süßem dick
und fühlt sich nicht wohl."

„Wie bitte?", ruft Steffi Stoffel empört.
„Ich fühle mich sogar sehr wohl! Ich bin
klein und vielleicht ein bisschen rund,
aber dafür sehr stark. Sonst wäre die Sache
mit Hans, dem Eisenbieger, ganz anders
ausgegangen ..."
„Wie denn? Was denn? Erzähl", sagt Fanni
atemlos.

Steffi Stoffel belegt
eine Apfelspalte mit
einer Bananenscheibe
und streut ein wenig von den
geriebenen Karotten darüber.
Sie schiebt sich das Kunstwerk
genussvoll in den Mund und lässt
sich beim Kauen Zeit.
Die Kinder werden immer ungeduldiger.
Endlich beginnt Steffi Stoffel zu erzählen:
„Hans, der Eisenbieger, war ein Bär
von einem Mann. Im ganzen Zirkus
war niemand so stark wie er.
Aber Hans war unzufrieden. Er beneidete
Jim und Joe, unsere Trapezkünstler.

34

Die beiden waren drahtig und schlank,
und Hans wollte sein wie sie."

„Wie soll denn das gehen?", fragt Susi.

„Einmal dick, immer dick", sagt Vera.

„Blödsinn", sagt Benni. „Man muss halt weniger essen."

„Ja, weniger und anders", sagt Steffi Stoffel. „Das hat Hans auch gemacht.

Aber leider hat er übertrieben. Er hat kein Fleisch mehr gegessen, keine Kartoffeln und keine Nudeln, nur noch Obst und Salat. Und manchmal eine Scheibe dunkles Brot mit fettarmem Aufstrich."

„Hast du ihn nur deshalb besiegt?", fragt
Lisi, die Listige.

„Ja natürlich", erwidert Steffi Stoffel.

„Vor seiner Diät ist unser Ringkampf immer
unentschieden ausgegangen."

„Und ist der Hans so dünn geworden wie
Jim und Joe?", fragt Karin besorgt.

„Zum Glück nicht", sagt Steffi Stoffel.

„Unser Zirkusarzt hat ihn sich vorgeknöpft. Ein Bär ist ein Bär, hat er ihm gesagt, und Flughörnchen sind Flughörnchen. Damit war die Sache erledigt."

Steffi Stoffel steht auf und bemerkt, dass alle Teller auf dem Jausentisch leer gegessen sind. Alles ist weg – bis auf eine einzige Gurkenscheibe. Vera steckt sie in ihre Jausenbox.

„Die nehme ich für meine Mama mit", sagt sie lachend.

Plötzlich kommt der Schulwart herein.

Er gibt Steffi Stoffel einen Brief für die 2b. Steffi Stoffel macht ihn auf und nimmt ein Foto heraus.

„Das Baby von eurer früheren Lehrerin ist da!", ruft sie. „Es ist ein Bub."

Dann reicht sie das Bild herum.

„So süß", haucht Fanni.

„Viel winziger als mein kleiner Bruder", stellt Tom fest.

„Sie könnte ihn Christoph nennen", sagt Benni, der Besserwisser. „Weil – Christoph ist ein Bubenname!"

Spiel & Spaß

Wer ist wer?

Jedes Kind der 2b hat einen passenden Beinamen. Leider sind sie durcheinandergekommen. Verbinde sie und setze noch den Anfangsbuchstaben ein!

Fanni	der __urner
Lisi	der __egobastler
Tim	die __eseratte
Karin	die __orlaute
Benni	der __esserwisser
Leo	der __ormann
Tom	die __istige
Lena	die __leine
Vera	die __ee

Kreuzworträtsel

Senkrecht:

1. Welches Tier ist Kasimir?
2. Wie lautet der Vorname der Lehrerin?
3. Welchen Beinamen hatte Hans im Zirkus?
4. Was lernen die Kinder im Wasser?

Waagrecht:

1. Welchen Beruf hatte der Vater der Lehrerin?
2. Wie nennt man jemanden, der sich fürchtet?
3. Wie lautet der Nachname der Lehrerin?
4. Womit fuhr Steffi im Zirkus?

Spiel & Spaß

Schau genau!

Auf dem unteren Bild
haben sich 6 Fehler eingeschlichen.
Kannst du sie finden?

Steffi Stoffel

Welche Beschreibungen
passen zur neuen Lehrerin der 2b?
Streiche die falschen durch!

Zirkus-Prinzessin

kann Einrad fahren

schmal

rote Lippen

klein

groß

lila gefärbte Haare

stark

lila Lippen

breit

blond gefärbte Haare

kann Hochrad fahren

Der G&G-Lesezug

Alle Lesezug-Bücher sowie Begleitmaterial finden Sie unter
www.lesezug.at

- Lesezug-Malhefte zum Schreibenlernen
- Lesezug-Rätsel zum Lesenlernen
- Lesezug Lese-Minis

ISBN 978-3-7074-1660-2
2. Klasse, ab 6/7 Jahren

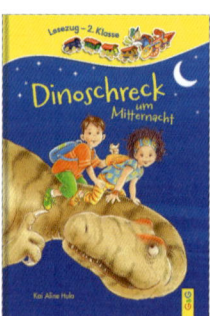

ISBN 978-3-7074-1661-9
2. Klasse, ab 6/7 Jahren

ISBN 978-3-7074-1053-2
2. Klasse, ab 6/7 Jahren

ISBN 978-3-7074-1444-8
2. Klasse, ab 6/7 Jahren

ISBN 978-3-7074-1577-3
2. Klasse, ab 6/7 Jahren

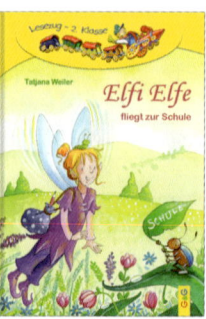

ISBN 978-3-7074-1134-8
2. Klasse, ab 6/7 Jahren

ISBN 978-3-7074-1488-2
2. Klasse, ab 6/7 Jahren

ISBN 978-3-7074-1181-2
2. Klasse, ab 6/7 Jahren

ISBN 978-3-7074-0371-8
2. Klasse, ab 6/7 Jahren

ISBN 978-3-7074-1231-4
2. Klasse, ab 6/7 Jahren

ISBN 978-3-7074-0344-2
2. Klasse, ab 6/7 Jahren

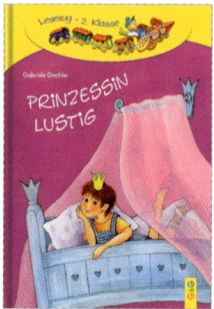

ISBN 978-3-7074-0345-9
2. Klasse, ab 6/7 Jahren

ISBN 978-3-7074-1260-4
2. Klasse, ab 6/7 Jahren

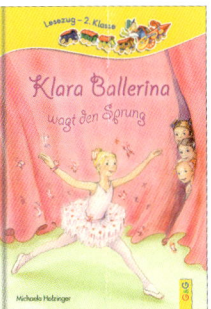

ISBN 978-3-7074-1331-1
2. Klasse, ab 6/7 Jahren

ISBN 978-3-7074-1385-4
2. Klasse, ab 6/7 Jahren

ISBN 978-3-7074-0358-9
2. Klasse, ab 6/7 Jahren

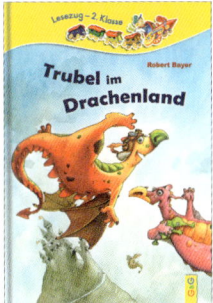

ISBN 978-3-7074-1098-3
2. Klasse, ab 6/7 Jahren

ISBN 978-3-7074-1607-7
2. Klasse, ab 6/7 Jahren

ISBN 978-3-7074-0388-6
3. Klasse, ab 7/8 Jahren

ISBN 978-3-7074-1297-0
3. Klasse, ab 7/8 Jahren

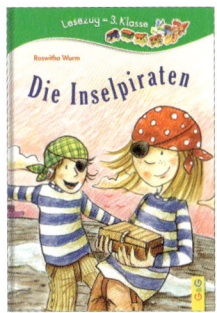

ISBN 978-3-7074-1571-1
3. Klasse, ab 7/8 Jahren

ISBN 978-3-7074-0346-6
3. Klasse, ab 7/8 Jahren

ISBN 978-3-7074-1578-0
3. Klasse, ab 7/8 Jahren

ISBN 978-3-7074-0348-0
3. Klasse, ab 7/8 Jahren

ISBN 978-3-7074-1489-9
3. Klasse, ab 7/8 Jahren

ISBN 978-3-7074-0354-1
3. Klasse, ab 7/8 Jahren

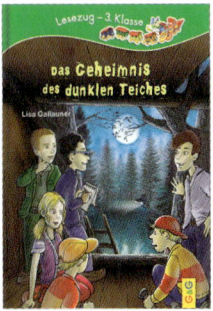

ISBN 978-3-7074-1266-6
3. Klasse, ab 7/8 Jahren

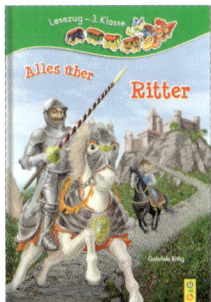

ISBN 978-3-7074-1592-6
3. Klasse, ab 7/8 Jahren